THÈSE

POUR LA LICENCE

MEIS ET AMICIS

ACTE PUBLIC

POUR LA LICENCE

EN EXÉCUTION DE L'ARTICLE 4 DE LA LOI DU 22 VENTOSE AN XII

SOUTENU

Par M. Julien **BIÉNÉS**

né à AUCH (Gers).

JUS ROMANUM

DIG. LIBER XVI, TIT. II

De Compensationibus.

Aliæ obligationes ipso jure extinguuntur, quæ solutione, acceptilatione, novatione et aliis modis tolluntur : Aliæ autem exceptionis ope extinguuntur. Inter illas præcipua nobis est compensatio quæ definienda est : contributio inter se invicem debiti et crediti. Nobis utilis necessariaque est quia magis interest non solvere quam repetere solutum : Debebas enim mihi decem, alia decem ego tibi. Si petas à me, compensationem objiciam.

Fidejussor potest compensare quod debetur reo principali et sibi. Verum est, quod Neratio placebat et Pomponius ait, ipso jure eò minus fidejussorem ex omni contractu debere, quod ex compensatione reus retinere potest. Sicut

1863

enim cùm totum peto à reo male peto, ita et fidejussor non tenetur ipso
jure in majorem quantitatem quam reus condemnari potest. Debebas mihi
decem, alia decem debebam tibi; petivi à te fidejussorem, et, non oppositâ
compensatione, dedisti mihi fidejussorem. Tanto minùs tenetur fidejussor quan-
tùm tu potes retinere per compensationem. Si quid à fidejussore petatur,
æquissimum est eligere fidejussorem quod ipsi, an quod reo debetur compensare malit. Sed et si utrumque compensare velit, audiendus est.

Tibi in diem debeo, non compensabitur, quamquam tibi dari oporteat, ante-
quam dies veniat; nam, ut Ulpianus ait : « *De debito in diem potest objici com-
» pensatio, licet ante diem peti non possit.* »

Quæritur an quæ patri debentur filius familiæ compensare possit? Illud non
dubitandum nobis videtur, quia unus contractus est, sed cum conditione, ut
caveat patrem suum ratum habiturum, id est non exacturum quod filius com-
pensârit. Filius ergo objicere potest compensationem de eo quod patri debetur,
quamvis de rato caveat.

Si ambo socii in societatis administratione parem adhibent negligentiam, ipsâ
negligentiâ compensatio oritur. Eodem modo si alter ex societatis rebus aliquid
perceperit, et si alter negligentiâ suâ communibus bonis, similem quantitatem
negligentiâ abripuerit, nobis factam compensationem et utrumque invicem libe-
ratum videtur. Itaque negligentiâ ad negligentiam admittitur compensatio. Item
debita ex paribus causis compensantur.

Quoties ex maleficio oritur actio, quasi ex causâ furtivâ sive ex aliis malefi-
ciis, compensationem opponere potes, quamvis de eâ re pecuniariè agatur.
Compensationem etiam opponere potest qui noxali judicio convenitur : Idem est
sive in stipulationibus prætoriis, sive in ipsâ stipulatione, sive in actione quæ
ex stipulatu oritur, objici potest compensatio. Itaque debitum ex delicto compensatur.

Quæcumque autem per exceptionem perimi possunt, in compensatione non
veniunt : Etenim debes mihi decem, si tibi pactum de non petendo feci, et ego
tibi alia decem debebam; si petas, non possum tibi opponere compensationem, quia vi exceptionis debitum tuum perimit.

Debitum certo loco ubique compensari potest, habitâ ratione interesse propter
locum. Sic pecuniam certo loco à Titio dari stipulatus sum. Is petit à me quam
ei debeo pecuniam. Quæro an hoc quoque compensandum sit, quanti meâ interfuit certo loco dari. Respondi si Titius petat, eam quoque pecuniam quam

certo loco promisit, in compensationem deduci oportere, sed cum suâ causâ, id est ut ratio habeatur quanti tua interfuit eo loco, quo convenerit, pecuniam dari.

Si militi castrensium bonorum alius, si cæterorum scilicet paganicorum alius hæres exstiterit, alteri hæredum debitor obligatus velit compensare quod ab alio debetur non potest: quia bona separata sunt et duæ sunt hæreditates. Itaque non potest uni hæredum compensatio opponi de eo quod ad alterum pervenit.

Imo dies qui miserationis causâ adjicitur solutioni non impedit compensationem. Aliud est enim diem obligationis non venisse, quia tunc ante diem non compensatur, aliud humanitatis gratia tempus indulgeri causa solutionis.

Pœna delicti commissi in annonâ ex causâ annonæ potest compensari.— Præterea debito cesso potest quis objicere compensationem, secus non sit cessum, licet alius creditor velit.

Debitor si servo publico pecuniam publicam solvit citra voluntatem eorum quibus rectè quod debebat solvi poterat, pristina obligatio manebit. Sed peculii servi compensatio concedetur, tantum habebit servus publicus. Debebam decem fisco, solvi debitum servo publico contra voluntatem eorum qui rempublicam administrabant; si illi rei publicæ administratores à me debitum petant, illis objicere possum compensationem, quia in peculio servi publici remanet compensatio. Ideo de eo quod potest peti actione de peculio, compensatio objici potest.

Debitum ex victuali causâ non compensatur. Expeditionis tempore curator victualium copiarum pecuniam non potest jure compensationis retinere, quia non compensatur. Item et eâdem ratione propter suam perfidiam non compensat; item ratione incertitudinis, ut si alter debitum negat, non potest effici compensatio.—Posteaquàm inter omnes contrahentes id quod invicem debetur ipso jure placuit compensari : si procurator absentis conveniatur, nihil compensat, quia est ab initio effecta et ipso jure compensatio. Primus debebat Titio decem et Titius Primo decem; compensant invicem. Posteà Primus Titium ad jus vocavit et constituit procuratorem, et petiit à Titio quod antea compensavit. Procurator volebat compensare; quæritur an possit? Non potest certè, quia jam compensatio facta erat, unde non est necesse ut caveat Primum ratam habere compensationem, quia non compensat; sed eò minùs potest petere quod inter illos compensatum est.

Debeo tibi decem aut hominem, hujus debiti admitti non potest compensatio nisi adversarius palam dixerit utrum vel decem vel hominem. Si adversarius utrum vult dixerit, quamvis quantitatem elegerit fit compensatio, aliàs non.

Si tutor petat quod nomine pupilli debetur, non potest objici compensatio ejus pecuniæ quam tutor ipso nomine suo adversario debet, quoniam nomine alterius non potest objici compensatio de eo quod debet ipse.

Imo contra fiscum compensatio objicitur sicut contra privatum; Imperator enim jussit audiri quemquam privatum probantem sibi à fisco deberi.

POSITIONES.

I. A judice admissâ compensatione, an compensationis effectus retroagant ad diem in quâ duo debita simul exstiterunt, quæritur? — Retroagunt.

II. Quod naturâ debetur, nùm venit etiam in compensationem? — Venire potest.

III. In ultimo juris statu, num judex potest compensationem patrare sine exceptionis formulis et ipso jure? — Potest.

CODE NAPOLÉON

De l'Ouverture, de l'Acceptation et de la Répudiation des Successions légitimes ou illégitimes. (Art. 718 à 724 — 774 à 792.)

Dans le langage du droit, on dit qu'une succession est *ouverte* lorsque les biens qui la composent, étant restés sans maître, doivent passer aux héritiers.

Les successions *s'ouvrent* par la mort naturelle. Elles s'ouvraient aussi par la mort civile; mais la mort civile est abolie. Des actes de notoriété qui rendent présumable la mort d'un individu ne suffisent pas pour faire déclarer sa succession ouverte. (Colmar, 21 août 1814.) L'absence ne saurait ouvrir les successions. L'envoi en possession, même définitif, n'empêche pas l'absent de recouvrer ses biens dans les mains de ses héritiers présomptifs qui les détiennent encore : *Nulla est viventis hœreditas.* Lorsque le ministre de la guerre constate que, dans une campagne, un militaire est resté en arrière de son corps, a été rayé des contrôles du régiment auquel il appartenait, l'absence de ce militaire peut bien être déclarée, mais il n'y a pas d'ouverture de succession. Cass., 9 mars 1819. — Le décès d'une personne produit des effets si divers qu'il était important que le législateur fixât le mode de sa constatation. Il y a été pourvu par le C. N., art. 77, 87, 96 et 97.

Pour succéder à une personne, il faut, avant tout, exister au moment de l'ouverture de la succession. De là suit que ceux qui, à cette époque, sont déjà morts, ou qui ne sont pas encore conçus, ne succèdent point. Il importe donc de préciser avec soin le *moment* où s'ouvre la succession; en l'avançant ou en la reculant d'une heure seulement, on peut déplacer la dévolution des biens. Le modèle donné par l'administration pour la rédaction des actes de décès indique qu'il faut y mentionner l'heure du décès. C'est une précaution qu'il est toujours utile d'observer, et dont les résultats ont toujours une grande importance en matière de succession; elle est, d'ailleurs, commandée par le besoin de satisfaire au vœu de l'art. 77, C. N., sur l'inhumation.

Toutefois, la mention de l'heure dans l'acte du décès n'étant que le résultat d'une déclaration et non une constatation de l'officier de l'état civil, elle peut être combattue par la preuve contraire. Duranton, t. 1, n° 323; Marcadé, sur l'art. 79.

Il est permis d'établir : 1° que la déclaration qui a été faite à l'officier de l'état civil de l'heure ou du jour du décès est mensongère ou inexacte; 2° que l'officier a mentionné un jour ou une heure autre que celui ou celle qui lui a été déclaré; et pour faire cette preuve, il n'est pas nécessaire de s'inscrire en faux. Dans le premier cas, en effet, on attaque, non pas le témoignage de l'officier public, mais la déclaration des déclarants qui n'ont aucun caractère public; dans le second, la mention, quoique faite par le maire, n'émane pas d'un officier public, car la loi ne l'ayant pas chargé de mentionner le jour et l'heure du décès (v. art. 79), toute déclaration qu'il fait à cet égard n'est et ne peut être que l'œuvre d'un simple particulier.—Si l'acte de décès eût fait foi, jusqu'à inscription de faux, de l'heure de ce décès, la loi eût laissé aux officiers publics un pouvoir dangereux; car, ainsi que nous l'avons dit, on peut, en avançant ou en reculant l'heure du décès, changer l'ordre légal des successions.

Si l'acte de décès ne fait pas mention du jour et de l'heure du décès, ou s'il n'existe pas de registres dans la commune ou le *de cujus* est décédé, le moment de la mort peut être alors prouvé tant par titres que par témoins (art. 46).

A défaut de preuve positive de l'instant du décès, la loi établit des présomptions de survie.

Lorsque deux personnes appelées à se succéder réciproquement périssent dans un même événement, il importe alors de fixer avec précision le moment de leur décès; car celle des deux qui sera décédée la dernière, ayant succédé à l'autre, elle se trouvera avoir transmis à ses héritiers, confondue dans la sienne, la succession de son comourant. Je prends une espèce. Deux frères, *Primus* et *Secundus*, mariés tous les deux, n'ont aucun autre parent au degré successible; ils périssent dans un incendie : *Primus* est-il mort le premier, la femme de *Secundus* a succédé à son mari, et, du chef de son mari, à *Primus*; est-ce *Secundus* qui est décédé le premier, la femme de *Primus* a succédé à son mari, et, du chef de son mari, à *Secundus*. On conçoit l'embarras de la loi en présence de telles conséquences.

Elle a éludé, sinon détruit, la difficulté au moyen de certaines présomptions, fondées sur l'âge et le sexe des comourants; mais le juge n'y doit recourir qu'à défaut de toute autre espèce de preuves. Ces autres espèces de preuves peuvent résulter : 1° de vérifications matérielles; 2° du témoignage de personnes qui ont été témoins de l'événement; 3° des circonstances qui l'ont précédé, suivi ou accompagné.

1° *Vérifications matérielles.....* Les médecins peuvent, en effet, reconnaître, par l'inspection des corps et l'examen attentif des blessures, lequel des deux comourants est décédé le premier.

2° *Témoignage.....* Des personnes ont pu être témoins de l'événement et voir l'un des comourants déjà mort lorsque l'autre luttait encore.

3° *Circonstances du fait.....* Les circonstances peuvent, en effet, conduire, par une induction naturelle et logique, à la découverte de la vérité. Ainsi, tous les membres d'une même famille ayant été assassinés pendant la nuit, on décida, dans notre ancienne jurisprudence, que les enfants avaient dû survivre puisqu'il y avait lieu de présumer que les assassins, dans un intérêt de sécurité, avaient dû s'attaquer d'abord au chef de la famille. De même, lorsque deux soldats ont péri dans la même bataille et qu'il est établi que l'un était à l'avant-garde, tandis que l'autre était à l'arrière-garde, on doit naturellement présumer que celui-ci a survécu au premier.

Si ces moyens de preuve font complètement défaut, le juge peut et doit recourir aux présomptions de la loi.

La vie humaine a été partagée en trois périodes :

La première commence à la naissance et finit à quinze ans révolus. C'est l'état de faiblesse. Comme dans cette période les forces vont toujours en croissant, le plus âgé est habituellement le plus fort : la loi en conclut que le plus âgé des comourants a dû lutter le plus longtemps contre la même force physique qui a occasionné leur mort; il est donc présumé avoir survécu.

La seconde commence à quinze ans révolus et finit à soixante ans également révolus. La différence d'âge n'établissant pas, pendant cette période, une différence de force assez marquée pour qu'on y ait égard, la loi a dû s'attacher, pour résoudre la question de survie, aux lois naturelles; or, comme le plus vieux meurt ordinairement avant le plus jeune, celui-ci est réputé avoir survécu.

Cependant, l'homme étant physiquement et moralement plus fort que la femme, du moins quand il n'existe pas entre eux une grande différence d'âge, la loi en conclut que si les comourants sont de sexe différent et de même âge, ou séparés l'un de l'autre par une seule année de différence, le mâle a dû lutter le plus longtemps; c'est donc lui qui sera présumé avoir survécu. La loi ne tient aucun compte de la différence de sexe lorsque les comourants sont, l'un et l'autre, âgés de plus de soixante ans ou de moins de quinze ans.

La troisième période commence à soixante ans révolus et finit à la mort. C'est l'âge de la faiblesse. Pendant cette période, les forces, au lieu d'aller en croissant, vont chaque jour s'affaiblissant : la loi en conclut que le plus jeune est le plus fort. Ainsi, entre les comourants âgés de plus de soixante ans, le moins âgé est réputé avoir survécu.

Une autre hypothèse est celle-ci : Les deux comourants ont, l'un moins de quinze ans, et l'autre plus de soixante. Lequel des deux a survécu? La loi a prévu le cas. L'enfant et le vieillard étant l'un et l'autre dans un état de faiblesse à peu de chose près égal, elle a tranché la difficulté par les considérations que fournit l'ordre naturel : le plus jeune est réputé avoir survécu. Souvent, il est vrai, cette présomption choquera; il est, en effet, peu probable qu'un enfant de quelques jours ait lutté plus longtemps qu'un vieillard de soixante ans contre la force des flots ou l'incendie qui a occasionné leur mort; mais il n'est pas de présomption qui, poussée à ses dernières limites, ne touche à l'invraisemblance.

Un cas que n'a pas prévu la loi est celui-ci : L'un a moins de quinze ans, et l'autre plus de quinze, mais moins de soixante. L'opinion généralement adoptée consiste à dire qu'il faut, d'après l'esprit de la loi, décider que le comourant, encore dans toute sa force, a survécu à celui qui était encore dans l'état de faiblesse au moment où la mort les a atteints; et, en effet, si lorsque les comourants sont l'un et l'autre âgés de plus de soixante ans, c'est-à-dire dans un état de faiblesse, la supériorité de force entraîne, la présomption de survie, à bien plus forte raison doit-il en être de même lorsque l'un des comourants est dans toute sa force, tandis que l'autre est encore dans un état de faiblesse.

Si l'un des comourants avait plus de quinze ans et l'autre plus de soixante, pour lequel établit-on la présomption de survie? La loi est encore muette sur ce point; mais, dit-on, encore, il est hors de doute que le premier doit être présumé avoir survécu, puisqu'il est tout à la fois plus jeune et plus fort que le second.

Que décider enfin si les co-mourants sont frères jumeaux? Le plus grand âge entre les jumeaux se détermine, non par l'époque mystérieuse de la conception mais par celle de la naissance. Celui-là est donc le plus âgé, l'aîné qui est né le premier *ante natus*. — Cela posé, nous disons : Celui qui a survécu est le plus âgé (le premier né), s'ils sont morts pendant la première période de la vie, le plus jeune (le dernier né), s'ils sont morts dans la seconde ou dans la troisième.

Mais, que décider si leur acte de naissance ne dit point lequel est né le premier, et s'il n'existe aucune preuve de la priorité de la naissance ? S'il est établi, d'une part, que l'un d'eux était dans toute sa force, tandis que l'autre était malade ou convalescent, que l'un était très robuste et l'autre très faible, et d'autre part qu'ils ont dû lutter plus ou moins longtemps contre la même force physique qui a occasionné leur mort, ces circonstances peuvent être prises en considération, non pas à titre de présomptions légales obligatoires pour le juge, mais comme simples présomptions de fait abandonnées à son appréciation.

S'ils étaient de force égale, ou si l'on ne sait pas lequel était le plus fort, ou enfin si leur mort a été si instantanée qu'aucune lutte n'ait été possible, par exemple, s'ils ont été tués par un même coup de foudre, la question de survie ne pouvant être résolue ni par les circonstances, ni par les présomptions de la loi, force est bien de les réputer morts en même temps : *Non videtur alter alteri supervixisse, cum simul decesserint*. Dès lors, aucun deux n'a succédé puisqu'aucun d'eux n'a survécu.

Les présomptions établies par les articles 721 et 722 sont-elles applicables aux successions testamentaires ? La négative est généralement admise. Les présomptions dont il s'agit sont placées au titre des successions *ab intestat*, et en matière de présomptions, il ne faut pas raisonner par analogie : Les preuves légales, étant de droit étroit, ne peuvent être appliquées qu'au cas pour lesquels elles ont été spécialement établies. Ainsi, lorsque deux époux qui se sont faits une donation mutuelle au profit du survivant, périssent dans le même événement, ou sont trouvés morts dans leur domicile, c'est à l'héritier qui prétend que son auteur a survécu à en rapporter la preuve. Bordeaux, 29 janvier 1848 ; Paris, 30 novembre 1850. En effet, les successions testamentaires enlèvent à la famille ses légitimes espérances ; aussi elles sont vues avec défaveur. On conçoit donc que le législateur ait laissé sous l'application du principe général établi par l'art. 135 la dévolution des biens par testament, toutes les fois qu'il ne peut pas être établi par les circonstances du fait lequel des deux testateurs a survécu. Tous deux sont réputés morts en même temps, aucun d'eux n'a succédé à l'autre, parce qu'aucun d'eux n'a survécu ; les legs faits par eux sont caducs et leurs biens dévolus à ceux que la loi préfère, c'est-à-dire à leurs parents. Cette opinion est aussi la pensée de MM. Delvincourt, t. 2, p. 20; Chabot, sur l'art. 720, n° 7; Duranton, t. 6, n° 48; Dalloz, t. 12, p. 265 ; Marcadé, sur l'art. 720.

Maintenant, supposons le cas où deux personnes réciproquement appelées à se succéder sont mortes le même jour, mais non dans le même événement: aura-t-on recours aux présomptions de survie établies par le Code ? On peut appliquer ici les présomptions fondées sur la différence des forces ; le péril n'ayant pas été commun, la résistance a pu n'être pas la même. Mais on suivra la présomption générale, basée sur l'ordre naturel des successions d'après les art. 721, 722. Duranton, Malpel, Favard, Demolombe.

§ II. — *Des différentes Classes d'héritiers.*

Les héritiers *ab intestat* sont légitimes ou irréguliers.

Voici ce que porte l'article 723 : « La loi règle l'ordre de succéder entre les » héritiers légitimes : à leur défaut, les biens passent aux enfants naturels, en- » suite à l'époux survivant, et s'il n'y en a pas, à l'Etat. Or, est-il exact de dire que les héritiers irréguliers ne succèdent qu'à défaut des héritiers légitimes ? — S'il est vrai que le conjoint et l'Etat ne succèdent qu'à défaut de parents, il n'en est pas de même des enfants naturels; ceux-ci, en effet, succèdent même en concours avec les enfants légitimes du défunt. — En outre, l'énumération des héritiers irréguliers, telle que la loi la donne ici, est incomplète ; au lieu de trois, il y en a cinq, qui sont : les enfants naturels succédant à leur père ou mère (art. 757), les père ou mère naturels succédant à leurs enfants (art. 765), les frères et sœurs naturels succédant entre eux (art. 766), et enfin le conjoint et l'Etat.

Maintenant définissons les mots *héritiers légitimes* et *héritiers irréguliers.* Les expressions *héritiers légitimes* doivent être prises dans une acception différente selon que l'on oppose les héritiers légitimes aux héritiers institués, ou selon qu'on les oppose aux héritiers irréguliers : opposés aux institués, les *héritiers légitimes* sont ceux qui sont appelés par la *loi*, et les *héritiers institués* ou *testamentaires* ceux qui sont appelés par la volonté de l'homme : opposés aux héritiers irréguliers, les héritiers légitimes seraient mal définis ceux qui sont appelés par la loi, car les héritiers irréguliers sont également appelés par la loi (art. 756 et suivant); mais on peut dans ce cas les définir les héritiers du sang; les membres de la famille du défunt; et les *héritiers irréguliers*, ceux qui, appelés en général à défaut des héritiers légitimes, ne sont pas comme eux membres de la famille : les premiers succèdent jusqu'au 12ᵉ degré (art. 755.)

Il importe de distinguer les héritiers *légitimes* des héritiers *irréguliers* sous trois rapports différents :

1° Les héritiers légitimes représentent le défunt; ils continuent sa personne; ils sont donc tenus de ses dettes comme il en était tenu lui-même, c'est-à-dire *in infinitum*. C'est ce qu'on exprime en disant qu'ils sont tenus des dettes *ultra vires successionis*. Et non-seulement ils paient *in infinitum* toutes les dettes dont le défunt était tenu, mais la loi met encore à leur compte certaines dettes qui sont nées depuis l'ouverture de la succession, telles que les frais mortuaires, les frais de scellé et d'inventaire. C'est ce que l'art. 724 exprime en disant qu'ils sont tenus sans limites de toutes les *charges* de la succession. — Les héritiers *irréguliers* succèdent *aux biens*; mais ils ne représentent pas le défunt, ils ne continuent pas sa personne; s'ils doivent payer ses dettes, c'est parce qu'ils détiennent l'universalité de ses biens et qu'il est de principe que toute masse de biens est naturellement grevée de l'universalité des dettes de celui à qui elle appartient : *bona non intelliguntur ni deducto œre alieno.* Aussi n'en sont-ils tenus que dans la limite des biens qu'ils recueillent. C'est ce qu'on exprime en disant qu'ils sont tenus des dettes et charges *intra vires successionis*.

2° Les héritiers *légitimes* ne peuvent pas se soustraire à l'action des créanciers en leur offrant l'abandon des biens laissés par le défunt; car le défunt qu'ils représentent ne l'aurait pas pu lui-même; ils sont comme lui obligés *personnellement*, et ceux qui sont tenus à ce titre le sont sur tous leurs biens sans distinction (art. 2092). — Les héritiers *irréguliers*, au contraire, jouissent de cette faculté; ce n'est pas, en effet, comme obligés *personnels* qu'ils sont tenus, puisqu'ils ne représentent pas le défunt : ils sont tenus parce qu'ils détiennent la masse des biens grevée de la masse des dettes; or, c'est un principe général que ceux qui sont tenus *propter rem* seulement, c'est-à-dire à l'occasion d'une chose qu'ils détiennent, peuvent se soustraire à toute poursuite en abandonnant cette chose aux créanciers (art. 2172). Cette opinion paraît préférable à celle de M. Demolombe. Suivant lui, la saisine judiciaire produit, dans la personne des héritiers irréguliers, tous les effets que la saisine légale produit dans la personne des héritiers légitimes. Il en conclut qu'une fois envoyés en possession, leur condition est absolument semblable à celle des héritiers légitimes proprement dits.

L'héritier légitime qui accepte *sous bénéfice d'inventaire* n'est tenu des dettes, toutefois, qu'*intrà vires successionis*, et il peut même se soustraire aux poursuites des créanciers en leur faisant l'abandon des biens laissés par le défunt (art. 802.)

3° Enfin un troisième point, qui différencie les héritiers légitimes des héritiers irréguliers, est celui-ci : Les héritiers légitimes ont une saisine que n'ont pas les héritiers irréguliers.

CHAPITRE V.

De l'Acceptation et de la Répudiation des Successions.

Section I. — *De l'Acceptation.*

Le droit Romain distinguait, quant à la manière d'acquérir la succession, deux classes d'héritiers : 1° les héritiers *nécessaires;* 2° les héritiers *volontaires.* L'héritier *nécessaire* acquiert l'hérédité dès qu'elle est ouverte, à son insu, et même malgré lui, *ignorans et invitus.* L'héritier *volontaire* acquiert l'hérédité, s'il le veut, et seulement lorsqu'il manifeste l'intention de l'acquérir. Ce n'est pas l'hérédité qui vient à lui, c'est lui qui doit aller à elle; aussi appelle-t'on *addition de l'hérédité (ire ad hœreditatem)* l'acceptation qui la fait entrer dans le patrimoine. Notre code a combiné ces deux systèmes d'hérédité du droit Romain.

L'héritier est assimilé à l'héritier nécessaire, en ce sens qu'il acquiert l'hérédité dès qu'elle est ouverte, même à son insu : « *le mort saisit le vif.* » L'habile à succéder qui a survécu au *de cujus*, et qui meurt quelques instants après l'ouverture de la succession, la transmet donc, avec la sienne, à ses propres héritiers. — Il diffère de l'héritier nécessaire en ce sens qu'il est maître de répudier, c'est-à-dire d'abandonner l'hérédité dont la loi l'avait investi : *Nul n'est héritier qui ne veut.* Il est assimilé à l'héritier volontaire, en ce sens qu'il n'est pas héritier *malgré lui;* il en diffère en ce sens qu'il acquiert l'hérédité, *même à son insu, sans qu'il ait besoin de l'accepter.* Il est donc héritier *etiam igno-rans, sed non invitus.*

L'acceptation rend la saisine irrévocable, la renonciation la détruit rétroactivement.

En général, tant que l'héritier ne s'est pas expliqué, il est présumé devoir accepter, soit parce que le titre d'héritier est ordinairement un bénéfice, soit parce que l'héritier étant saisi de droit, doit manifester son intention de renoncer à ce titre. — On a jugé cependant que lorsque le fait de l'acceptation est dénié par celui qu'on prétend héritier, c'est à son adversaire qui allègue ce fait à le prouver. Liége, 4 mai 1813. C'est en vertu de la présomption dont nous venons de parler qu'après les délais accordés pour faire inventaire et pour délibérer, l'héritier présomptif peut être poursuivi par les créanciers et condamné en qualité d'héritier. (C. N. 795.)

Une succession peut être acceptée *purement* et *simplement* ou *sous bénéfice d'inventaire.*

L'acceptation bénéficiaire et l'acceptation pure et simple ont cela de commun que les acceptants sont également *héritiers;* qu'ils sont également saisis de biens, droits et actions du défunt : en sorte que la propriété réside en la personne de l'héritier bénéficiaire, tout aussi bien qu'en celle de l'héritier simple. Quant aux différences qui existent entre ces deux modes d'acceptation, elles se réduisent à trois principales; 1° l'héritier qui accepte *purement et simplement* est libre de disposer comme bon lui semble de tous les biens de la succession; tandis que l'héritier *bénéficiaire* en est constitué l'administrateur jusqu'à ce que la succession ait été liquidée, et il ne peut vendre les biens qu'en remplissant les formalités prescrites par la loi, à la charge de rendre compte aux créanciers et aux légataires du défunt; 2° l'héritier *pur et simple* est obligé d'acquitter toutes les dettes et charges de la succession, lors même qu'elles en excèdent l'actif, non-seulement sur les biens de l'hérédité, mais encore sur ses biens personnels, comme s'il était lui-même obligé; l'héritier *bénéficiaire* n'est tenu des dettes et charges que jusqu'à concurrence des biens qu'il a recueillis; même il peut se décharger du paiement des dettes, en abandonnant tous les biens de la succession aux créanciers et légataires; 3° l'acceptation pure et simple opère une confusion des droits et des obligations de l'héritier avec ceux du défunt, tandis que l'acceptation *bénéficiaire* donne à l'héritier l'avantage de ne pas confondre ses

biens personnels avec ceux de la succession, et de conserver contre elle le droit
de réclamer le payement de ses créances.

Voici les différents partis que peut prendre un héritier : il peut accepter,
comme nous l'avons dit, soit purement et simplement, soit sous bénéfice d'inventaire, ou répudier : Prend-il le premier parti, il est tenu des dettes *in infinitum*; le second, il n'en est tenu qu'*intra vires bonorum*; le troisième, il est
étranger à la succession. Lorsqu'il est certain que le défunt a laissé plus de dettes
que de biens, la renonciation, est, sans contredit, préférable à l'acceptation bénéficiaire, laquelle entraîne une perte de temps, des ennuis et des dangers. L'acceptation bénéficiaire n'est pas toujours préférable à l'acceptation pure et simple.
Que gagne-t-on, en effet, à faire une acceptation bénéficiaire, lorsqu'il est certain, évident, que la succession comprend beaucoup plus de biens que de dettes?
A quoi bon faire un inventaire, une déclaration au greffe du tribunal? Ce sont
des frais qui diminuent d'autant l'actif de la succession. Ajoutons que l'héritier
pur et simple liquide la succession comme il l'entend et selon ses intérêts, tandis
que la liquidation d'une succession acceptée sous bénéfice d'inventaire est aussi
longue que compliquée.

Tout héritier n'a pas le droit de choisir entre les trois partis que je viens de
faire connaître. Lorsque la succession est dévolue à un mineur ou à un interdit,
son tuteur, qui le représente, ne peut accepter que sous bénéfice d'inventaire
ou renoncer; le conseil de famille ne peut pas l'autoriser à accepter purement
et simplement. Le motif de cette prohibition de la part du législateur serait
l'influence de ce préjugé de la pratique qui consiste à considérer toujours l'acceptation bénéficiaire, non-seulement comme le parti le plus prudent, mais encore
comme celui qui est le plus avantageux à prendre dans tous les cas. A moins
que ce ne soit là une nouvelle preuve de l'esprit de prévision de la loi, laquelle,
dans l'appréhension d'une protection mal entendue de la part des tuteurs et
conseils de famille, a préféré priver les mineurs et interdits des rares et peu
fréquents avantages d'une acceptation pure et simple et les couvrir toujours de
la faveur obligée de l'acceptation sous bénéfice d'inventaire.

Pour accepter valablement, il faut :

1° *Que la succession soit ouverte.* Faut-il qu'elle soit non-seulement ouverte,
mais encore dévolue au parent qui l'accepte? Si le parent d'un degré plus éloi-
gné accepte en prévision du cas où le parent qui l'exclut viendrait à renoncer,
cette acceptation est-elle valable? Pothier tenait la négative. Certains auteurs

soutiennent l'affirmative, prétendant que s'il n'est point permis d'accepter la succession d'un homme vivant, c'est uniquement parce que cet acte anticipé suppose chez celui qui le fait ou qui en profite une pensée immorale, le *votum mortis*, tandis que ce motif ne se rencontre plus dans l'hypothèse d'une succession déjà ouverte, mais non encore dévolue au parent qui accepte.

2° *Que l'héritier sache que la succession est ouverte*; car s'il l'ignore, s'il entend accepter la succession d'une personne vivante, cette acceptation est aussi illégale, aussi immorale que celle qui aurait réellement pour objet une succession future.

3° *Qu'il soit capable de s'obliger*; car si l'acceptation ne fait pas naître l'obligation de payer toutes les charges de la succession, elle la rend irrévocable en enlevant à l'héritier le droit de renoncer. — Ainsi la succession est dévolue à une femme mariée, la femme doit, pour l'accepter, être autorisée de son mari ou de la justice; à un prodigue ou à un faible d'esprit, l'héritier doit être assisté de son conseil judiciaire; à un mineur non émancipé ou à un interdit, elle est acceptée par le tuteur avec l'autorisation du conseil de famille, qui ne peut autoriser que l'acceptation bénéficiaire.

L'acceptation est expresse ou tacite.

1° *Acceptation expresse*. — Elle est expresse lorsque le successible prend le *titre d'héritier* dans un acte authentique ou sous seing-privé. Une déclaration *verbale* faite en présence de témoins n'est donc pas suffisante. La loi exige une déclaration écrite, d'une part, afin de couper court aux procès, d'autre part, parce qu'une déclaration verbale est souvent faite légèrement et sans réflexion. Néanmoins c'est avec un certain tempérament qu'il faut entendre les mots : *Acte authentique ou sous seing-privé*. Il s'agit ici, non pas d'un acte quelconque, mais d'un écrit destiné à faire preuve en justice, à constater un fait juridique relatif aux affaires de la succession, tel, par exemple, qu'une assignation, une quittance, un acte de bail, etc. Ainsi, le successible qui écrit à un ami qu'*il est héritier* de son parent décédé n'accepte pas. Il en est différemment s'il prend la même qualité dans une lettre d'affaires qui le met en rapport juridique avec ceux que la succession intéresse, par exemple, dans une lettre écrite, soit à un débiteur qu'il menace de poursuivre, soit à un créancier pour le prier de suspendre ses poursuites pendant un certain temps.

2° *Acceptation tacite*. — Elle est tacite lorsque le successible fait un *acte* (ce mot est ici synonyme d'*action*) qui suppose nécessairement son intention

3

d'accepter et qu'il n'aurait droit de faire qu'en sa qualité d'héritier. On dit que l'acceptation consiste plus dans l'intention que dans le fait. Ainsi, l'héritier accepte en disposant d'une chose qui n'appartient pas à la succession, mais qu'il croit lui appartenir; il n'accepte pas en disposant d'une chose qui appartient à la succession, lorsqu'il ignore ce fait. Si l'acte qui a emporté acceptation était annulé pour vice de forme, l'héritier n'en conserverait pas moins cette qualité, car son intention n'en serait pas moins certaine, et c'est tout ce que veut la loi. Un bail à ferme dans lequel des héritiers agissent comme propriétaires et en se qualifiant tels constitue un acte emportant acceptation (Arrêt de la Cour suprême du 27 juin 1837). En général, à tous les actes qui n'ont pas le caractère de *conservation* ou *d'administration* est attachée la présomption légale de l'acceptation. L'héritier accepte tacitement, lorsqu'il aliène, hypothèque ou détruit des biens de la succession, fait des coupes extraordinaires ou des remises de dettes. L'héritier ne peut, au contraire, être considéré comme acceptant, lorsqu'il fait des actes d'administration ou de conservation des biens : tels sont, par exemple, les réquisitions d'apposition et de levée de scellés, les demandes en justice quand elles ont pour but d'interrompre des prescriptions, les renouvellements d'inscriptions hypothécaires qui sont sur le point d'être prescrites, les locations des appartements vacants, etc. Il existe cependant un acte d'administration qui emporte acceptation tacite : c'est, en effet, administrer que de vendre les meubles sujets à dépérissement; et cependant l'héritier accepte tacitement quand il procède à cette vente de sa propre autorité, sans se faire préalablement autoriser par la justice et sans observer les formes voulues par la loi. L'héritier est présumé accepter, lorsqu'il aliène ses droits successifs par vente, échange ou donation, lorsqu'il renonce au profit de quelques-uns seulement de ses cohéritiers, lorsqu'il renonce au profit de tous ses cohéritiers mais moyennant un prix ou plus généralement *aliquo dato*.

Lorsque celui à qui une succession est échue est décédé sans l'avoir répudiée ou sans l'avoir acceptée expressément ou tacitement, ses héritiers peuvent l'accepter ou la répudier de son chef. En effet les héritiers, saisis de *tous* les droits de leur auteur, sont donc saisis du droit qu'il avait d'accepter ou de répudier une succession. L'héritier qui a renoncé transmet non pas la succession, puisqu'il ne l'a plus, mais le droit de l'acquérir en l'acceptant, si elle n'a pas déjà été valablement acceptée par d'autres. Si les héritiers ne sont pas d'accord pour accepter ou pour répudier la succession, elle doit être acceptée sous bénéfice d'inventaire : L'acceptation ne peut être divisée, car le défunt n'avait que le droit d'accepter ou de répudier cette succession pour le tout; ses héritiers ne peuvent en avoir d'autres. Dans ce cas, ceux qui voulaient répudier la succession demeurent, malgré eux, héritiers bénéficiaires. On n'a pas craint de faire exception à l'art. 775 qui porte que nul n'est tenu d'accepter une succession qui lui est échue : il y a, en effet, pour eux peu de danger à l'accepter ainsi :

L'art. 783 du Code apporte une exception au principe que l'acceptation, une fois faite, est irrévocable : « Le majeur, nous dit cet article, ne peut attaquer » l'acceptation expresse ou tacite qu'il a faite d'une succession que dans le cas où » cette acceptation aurait été la suite d'un dol pratiqué envers lui; il ne peut » jamais réclamer sous prétexte de lésion, excepté seulement dans le cas où la » succession se trouverait absorbée ou diminuée de plus de moitié par la dé- » couverte d'un testament inconnu au moment de l'acceptation..... » — Comme les successions échues aux mineurs et aux interdits ne peuvent être acceptées que sous bénéfice d'inventaire, le législateur a pensé qu'il arriverait rarement que ces derniers pussent être lésés par une acceptation; c'est pourquoi il n'a parlé que du majeur; mais si le *mineur* ou l'*interdit* éprouvaient également quelque préjudice, à raison d'une acceptation, nul doute qu'ils ne pussent aussi profiter du bénéfice du présent article, sans même être obligés de prouver le dol : il suffirait qu'ils eussent été lésés, c'est ce qui résulte de la jurisprudence établie. — Maintenant il faut ajouter, selon l'expression de l'article précité, que, dans le cas de dol ou de violence bien prouvée, le majeur peut attaquer l'acceptation, parce qu'il n'y a pas eu de consentement valable (art. 1109, 1111). Hors les cas indiqués dans l'art. 783, l'acceptation est irrévocable. — Enfin, dans le cas du *testament inconnu* dont il est parlé, l'acceptation est alors présumée n'avoir eu pour cause que l'ignorance de ce fait important. Mais des auteurs prétendent que dans ce cas le majeur n'a pas le droit de faire annuler son acceptation, et qu'il peut seulement *réclamer* pour se faire dispenser d'acquitter les legs, de telle sorte qu'il reste toujours obligé envers les créanciers auxquels la découverte du testament est tout à fait indifférente. Les cohéritiers ne sont pas forcés d'accepter malgré eux la part de l'héritier qu'il se fait restituer contre son acceptation, comme ils sont forcés d'accepter la part de celui qui renonce.

Après la restitution, l'héritier est dans le même état que s'il n'avait pas accepté. Il est dégagé de tous les engagements qui étaient la conséquence de son acceptation; il cesse d'être tenu au rapport. — L'acceptation annulée, dit Vazeille, les effets immédiats qu'elle a eus doivent s'anéantir. Les actes, les traités, les engagements particuliers qu'elle a déterminés envers les créanciers et les légataires de la succession, demeurant comme non avenus, l'acceptant restitué est remis dans l'état où il était avant son acceptation. Peu importe qu'il ait contracté de nouvelles obligations conventionnelles, pour les charges de l'hérédité, avec des créanciers ou des légataires tout à fait innocents du dol qui lui a fait obtenir la restitution. On ne leur fera point pour ces actes particuliers l'application de l'art. 1115; parce que ces actes dépendent de l'acceptation, qu'ils n'en sont que l'effet, qu'ils ne peuvent être soumis à une règle différente, et que l'accessoire doit subir le sort du principal : *« cessante causâ cessat effectus »* Duranton; cass. 5 décembre 1838. Ce qui a été payé aux créanciers par l'héritier, de ses deniers propres, est sujet à répétition. Enfin l'héritier qui s'est fait restituer, peut renoncer à la succession, ou l'accepter sous bénéfice d'inventaire. — Il n'y a pas de délai prescrit pour la demande en rescision; il faut donc croire contre quelques personnes admettant le principe de l'art. 1304 que cette demande doit être formée non dans les 10 ans, mais pendant 30 ans, suivant le principe de l'art. 2262.

Section II. — *De la Renonciation aux Successions.*

La renonciation est l'acte par lequel l'héritier déclare expressément qu'il entend être considéré comme étant étranger à la succession.

Les conditions nécessaires à la validité de la renonciation sont :

1° *Que la succession soit ouverte.* Les renonciations que les filles pouvaient faire par contrat de mariage à une succession future sont interdites aujourd'hui. L'article 791 du Code Napoléon est formel : « On ne peut, même par contrat » de mariage, renoncer à la succession d'un homme vivant, ni aliéner les droits » éventuels qu'on peut avoir à cette succession. » Le droit Romain validait cependant les conventions sur successions non ouvertes, quand le *de cujus* futur y donnait son consentement. La loi française n'admet pas cette exception. Elle a pensé que ces renonciations sollicitées par le *de cujus* futur seraient le plus souvent imposées et acceptées par suite de l'autorité qu'il exerce. Par exception, la loi tolère les conventions sur successions futures dans les hypothèses prévues par les articles 761 et 918, relativement aux réductions des droits des enfants naturels et à l'imputation sur la portion disponible de la valeur des biens aliénés du futur *de cujus*, à charge de rente viagère.

2° *Que l'héritier qui répudie ait la conscience que la succession est ouverte.* Ainsi, lorsque je renonce à la succession d'une personne décédée, mais que je crois encore vivante, cette renonciation reste sans effet; car dans ma pensée, l'acte que j'ai fait n'était pas sérieux. Est nulle la renonciation faite par l'héritier du second degré avant que l'héritier présomptif eût pris qualité.

3° *Que l'héritier qui renonce soit capable d'aliéner.* Ainsi, les règles sur la capacité de l'héritier qui accepte sont également applicables à l'héritier qui répudie.

L'acceptation peut être expresse ou tacite. La renonciation, au contraire, doit toujours être expresse : elle ne se présume pas, dit l'art. 784. Il ne suffit même pas qu'elle soit expresse; il faut de plus qu'elle soit faite, selon le mode indiqué par la loi, au greffe du tribunal de l'ouverture de la succession. La déclaration de l'héritier est faite sur un registre à ce destiné. L'héritier qui va au greffe faire sa déclaration ne doit pas se présenter seul car le greffier peut ne pas le connaître : il doit être accompagné d'un avoué qui affirme son identité; mais, bien entendu, l'assistance de l'avoué n'est nécessaire que pour la sauvegarde du greffier, qui, par conséquent, peut ne pas l'exiger. Ajoutons qu'il n'est pas indispensable que le renonçant se présente en personne : il peut se faire représenter par un mandataire muni, à cet effet, d'une procuration authentique ou sous seing-privé. La renonciation faite ailleurs qu'au tribunal du domicile du défunt, même dans un acte authentique, ne pourrait être opposée au renonçant. La renonciation doit être faite au greffe, parce qu'il faut qu'elle soit publique; elle a pour but d'avertir les créanciers du défunt qu'ils n'ont plus d'action à intenter contre l'héritier présomptif; et les parents plus éloignés, que la succession leur est dévolue. — La cour de Poitiers a jugé que la formalité de la renonciation au greffe du tribunal du domicile du défunt est substantielle, et que par suite toute renonciation faite ailleurs est nulle, sans distinguer entre les tiers et le renonçant lui-même.

Voici quels sont les effets de la renonciation : l'héritier qui renonce est réputé n'avoir jamais été héritier; en conséquence, sa part accroît à ses cohéritiers, s'il est seul, elle est dévolue au degré subséquent. On suppose que l'héritier qui renonce n'a jamais été saisi, et la maxime *le mort saisit le vif* s'applique à ses cohéritiers ou à l'héritier subséquent. Lorsque l'article 785 dit que l'héritier qui renonce est censé n'avoir jamais été héritier, il entend parler de l'héritier qui renonce sans avoir jamais accepté. L'accroissement aux cohéritiers de la succession répudiée s'opère en suivant les règles des successions. Ainsi, je meurs; un fils, qui lui-même a des enfants, doit me succéder avec les enfants d'un fils prédécédé, qui représentent leur père. Mon fils renonce à ma succession : sa part accroît, non à ses propres enfants, mais aux enfants de mon fils prédécédé, car ceux-ci, représentant leur père dans ma succession, se trouvent au même degré que le renonçant et sont *ses cohéritiers;* mais si je n'avais qu'un fils et qu'il eût des enfants, la succession leur serait dévolue, en cas de renonciation de leur père, comme se trouvant au degré subséquent. Si, au lieu d'enfants, je laissais un cousin germain et un cousin issu de germain dans la ligne paternelle, et un cousin germain dans la ligne maternelle, et que le cousin germain de la ligne paternelle renonçât, sa part n'accroîtrait pas au cousin germain de la ligne maternelle, mais au cousin issu de germain; car il ne se fait de dévolution d'une ligne à l'autre que lorsqu'il ne se trouve aucun parent dans une des lignes. Les cohéritiers ne peuvent renoncer à la part que délaisse le renonçant, pour s'en tenir à celles qui leur sont personnellement dévolues; ils doivent accepter ou répudier le tout, puisque celui qui renonce est censé n'avoir jamais été héritier. Il y a, toutefois, un cas où la part du renonçant n'accroît pas à ses cohéritiers; on la considère alors comme vacante. Ce cas est celui-ci : L'acceptation des cohéritiers est postérieure à celle que le renonçant fait rescinder. Alors, l'accroissement pour les cohéritiers n'est pas forcé, mais facultatif; car ils n'ont consenti à prendre à leur risque le fardeau de la succession que parce qu'ils comptaient n'être pas seuls à le porter.

L'art. 787 dit qu'on ne vient jamais par représentation d'un héritier qui a renoncé. Si le renonçant est seul héritier de son degré, ou si tous ses cohéritiers renoncent, les enfants viennent de leur chef et succèdent par tête. Notre article dit *par représentation*, parce qu'on ne représente pas les personnes vivantes, qui, d'ailleurs, en renonçant, ont épuisé leurs droits; les enfants viennent alors de leur chef parce qu'ils sont au degré subséquent.

L'héritier qui renonce peut-il se repentir et accepter la succession qu'il a imprudemment abandonnée? Oui, à deux conditions toutefois; il faut : 1° que la succession n'ait été acceptée par aucun autre héritier, soit avant, soit depuis la répudiation; 2° qu'en outre, le renonçant l'accepte avant que la faculté d'accepter soit éteinte par l'effet de la prescription.

L'héritier qui accepte une succession qu'il avait répudiée doit respecter les droits acquis à des tiers sur les biens du défunt, soit par actes valablement faits avec le curateur à la succession vacante, soit par prescription. Ce curateur peut avoir fait non-seulement des actes d'administration, tels que des baux de neuf ans, mais encore s'être fait autoriser par la justice à aliéner les meubles qui se détériorent facilement, et même les meubles quels qu'ils soient, ou des immeubles, quand ces aliénations sont nécessaires, par exemple, quand il importe de se procurer de l'argent pour payer les créanciers. Il peut également figurer, soit comme demandeur, soit comme défendeur, dans les procès qui intéressent la succession. L'héritier renonçant qui l'acquiert, en l'acceptant, la reçoit telle que le curateur l'a faite en agissant dans la limite de ses pouvoirs. — La prescription ne court pas contre le mineur.

« La faculté d'accepter ou de répudier une succession se prescrit par le laps de temps requis pour la prescription la plus longue des droits immobiliers, art. 789..... » c'est-à-dire celle de trente ans, à partir de l'ouverture; certains prétendent : à partir du jour où l'héritier a eu connaissance de l'ouverture de la succession.

Cet article est difficile à entendre. Parmi les systèmes soutenus par les auteurs, voici celui qui est le plus conforme au texte de l'article : Un héritier laisse écouler trente ans dans l'inaction, sans renoncer, mais aussi sans faire aucun acte d'héritier qui le lie comme acceptant; il ne pourra plus, au bout de ce terme, ni accepter, ni renoncer, car ces deux facultés seront prescrites. *Ni accepter*. C'est-à-dire que, si quelques biens sont restés vacants, si quelqu'un les possède, même depuis peu, et que l'héritier veuille les reprendre, on lui répondra : « Vous n'avez plus droit, la faculté d'accepter est prescrite. » *Ni renoncer*. C'est-à-dire que si des créanciers, dont l'action peut n'être pas éteinte, viennent le poursuivre pour le paiement des dettes, il ne pourra les écarter en renonçant, car ils lui répondront : « La faculté que vous aviez de répudier est prescrite. » Mais ce système est contraire au principe, *nul n'est héritier qui ne veut*, et il est en outre souverainement injuste, puisqu'on peut se trouver héritier, et être tenu de toutes les charges de la succession, sans avoir connu le décès ni même la parenté, et sans avoir peut-être eu le temps de renoncer, si on suppose que les héritiers plus proches ont presque attendu le dernier jour des 30 ans pour renoncer. Aussi faut-il dire, avec quelques auteurs recommandables, qu'après 30 ans l'héritier devait être considéré comme entièrement étranger à la succession. De telle sorte qu'aucune action ne pouvait être dirigée contre lui, de même qu'il ne pouvait lui-même en former aucune en qualité d'héritier; que si la renonciation à une succession ne se présume pas, cette règle doit néanmoins cesser lorsque l'héritier a laissé passer 30 ans sans toucher aux biens et sans déclarer qu'il entend profiter des effets de la saisine. La cour de Paris a consacré ce système. (Arrêt du 3 février 1848.)

Les droits des créanciers de l'héritier qui a renoncé sont réglés par l'art. 788 : «Les créanciers de celui qui renonce *au préjudice de leurs droits* peuvent se faire autoriser en justice à accepter la succession du chef de leur débiteur, en son lieu et place.—Dans ce cas, la renonciation n'est annulée qu'en faveur des créanciers et jusqu'à concurrence seulement de leurs créances. Elle ne l'est pas au profit de l'héritier qui a renoncé.» —*Au préjudice de leurs droits*. Il serait à craindre qu'un débiteur insolvable ne frustrât ses créanciers par des renonciations dont il pourrait toucher secrètement le prix (art. 1167.) — *A accepter*. Il ne faut pas conclure de ce mot que c'est une véritable acceptation. Les créanciers ne deviennent point héritiers, ils ne sont pas tenus des dettes de la succession; ils acquièrent simplement le droit de faire payer leurs dettes sur la portion qu'aurait eue leur débiteur renonçant. — *Jusqu'à concurrence*. Le reste est dévolu aux cohéritiers, qui auraient même le droit d'écarter les créanciers, en payant ce qui leur est dû par le renonçant; car ils seraient alors sans intérêt. Les créanciers postérieurs à la renonciation ne peuvent pas accepter la succession du chef de leur débiteur, car il n'a pas renoncé au préjudice de leurs droits, puisqu'ils n'en avaient aucun lors de la renonciation.

La renonciation n'est pas irrévocable dans trois cas : 1° Lorsque la succession répudiée n'a encore été acceptée par personne ; 2° lorsqu'elle est faite au préjudice des créanciers ; 3° lorsqu'elle est le résultat d'un dol ou d'une violence. Alors seulement elle peut être rescindée, mais elle n'est pas rescindable pour cause d'erreur ou de lésions, car, sous l'empire du Code, la lésion n'est une cause de rescision que dans les cas spéciaux déterminés par la loi, et aucun texte n'autorise l'annulation de la répudiation sous prétexte qu'un héritier s'est trompé sur le *quantum* de la succession.

Enfin, examinons quelles sont les peines portées contre l'héritier qui a détourné ou recélé des effets de la succession : « Les héritiers qui auraient diverti ou recélé des effets d'une succession sont déchus de la faculté d'y renoncer; ils demeurent héritiers purs et simples, nonobstant leur renonciation, sans pouvoir prétendre aucune part dans les objets divertis ou recélés ». — Le divertissement est le fait de détourner des effets faisant partie de la succession, afin de s'en emparer à l'exclusion des autres. Indépendamment de l'action civile intentée par les cohéritiers contre celui qui divertit, la cour suprême admet l'action de vol. — Il en est de même du recel qui est le fait de cacher les effets divertis.

Cette privation de la part dans les objets divertis ou recélés est-elle infligée à l'héritier qui a diverti les objets avant l'ouverture de la succession? La cour de Paris a admis l'affirmative. Une dernière question qui a été résolue affirmativement par la cour de cassation est celle-ci : L'héritier qui accepte peut, comme l'héritier qui renonce, être privé de sa part dans les objets qu'il a divertis ou recélés. Enfin, la cour de Bordeaux a jugé que notre article s'applique aux mineurs parvenus à l'âge de discernement. La déchéance s'étend même à la portion qui aurait appartenu à l'héritier en qualité de légataire, parce que les deux qualités se confondent dans la personne convaincue de recélé. (Arrêt de la cour de Bordeaux du 16 juin 1840.)

QUESTIONS.

I. Les présomptions légales de survie sont-elles applicables au cas où une personne serait appelée à la succession d'une autre sans qu'il y eût réciprocité ? — Oui.

II. Les gains de survie stipulés en faveur d'un époux par son contrat de mariage doivent-ils être considérés comme un traité sur une succession, et à ce titre, frappés de nullité ? — Non.

III. L'Etat qui s'est fait envoyer en possession d'une succession vacante acquiert-il qualité pour en prescrire la propriété du jour de son envoi en possession seulement, et non, comme les héritiers légitimes, du jour de l'ouverture de la succession ? — Du jour de son envoi en possession seulement.

CODE DE COMMERCE

De la Lettre de Change. — De l'Echéance. (Liv. 1, Tit. VIII.)

§ I. — *De la Lettre de Change.*

Le premier monument de notre législation qui fasse mention des lettres de change est l'édit de Louis XI, de mars 1462; mais l'usage en existait déjà depuis longtemps. Des opinions diverses sont émises sur l'origine de la lettre de change. L'invention en appartiendrait, suivant certains, aux Gibelins chassés de Florence par les Guelfes. Villain et Savary en attribuent le mérite aux Juifs, lorsqu'ils furent bannis de France, et qu'ils imaginèrent de donner aux voyageurs et à leurs correspondants des lettres secrètes pour retirer ce qui leur appartenait, malgré la confiscation dont leurs biens étaient frappés. Après l'édit de Louis XI, dont nous venons de parler, apparut l'ordonnance dite *du commerce*, de mars 1673, qui compléta les rares dispositions qui réglaient la matière. Cette ordonnance a été en vigueur jusqu'à la mise à exécution du Code de commerce, 1er janvier 1808.

La lettre de change est une des innovations commerciales les plus utiles. Elle n'est pas seulement un acte destiné à établir l'existence d'une obligation; on peut dire qu'elle est le signe des métaux, comme les métaux sont le signe de la marchandise; elle est même une sorte de monnaie, et sans elle on ne saurait concevoir le commerce avec les vastes développements qu'il a reçus de nos jours.

Une erreur assez généralement répandue consiste à considérer la lettre de change (valeur en elle-même) comme l'exécution d'un prétendu contrat de change.

L'article 110 du Code de commerce définit la lettre de change. Cette définition empruntée à des auteurs inexacts répond imparfaitement aux usages du commerce. Quoi qu'il en soit, la législation nous ayant imposé les points de vue, nous ne pouvons nous dispenser d'examiner cet acte commercial sous l'aspect présenté : c'est, dit-on, un acte dans lequel le souscripteur (ou tireur) mande à une personne résidant dans un autre lieu (ou tiré) d'y compter une somme déterminée à celui au profit duquel ledit acte est souscrit (ou preneur) ou bien à celui auquel il aura cédé ses droits. Voyons en détail chacune des prescriptions de l'article 110 :

1° *La lettre de change doit être tirée d'un lieu sur un autre.* Cette décision empruntée à la doctrine des auteurs tient à la manière dont ils avaient envisagé l'institution; dans leur pensée, comme nous l'avons dit, la lettre de change était tout bonnement le mode d'exécution, l'instrument d'un prétendu contrat de change. La pratique ne s'est pas soumise à ces prescriptions. Les commerçants surtout savent éluder la difficulté par des suppositions de lieux tolérées en général par la jurisprudence. Cependant il arrive parfois que les parties peu habiles n'ont pas su prendre leurs précautions.

2° *La lettre est datée.* Quel est le but et l'utilité de cette prescription? Rien, dit-on, ne peut couvrir le vice du défaut de date ni suppléer à cette date. En effet, si la date n'était pas exigée aussi rigoureusement, un négociant pourrait souscrire un effet au moment de sa faillite, et pendant qu'il est incapable de s'obliger (C. comm. 442). D'un autre côté, la date sert à vérifier s'il y a eu réellement remise de place en place. L'antidate d'une traite entre le preneur et le tireur est punie comme un faux, lorsqu'elle a eu lieu pour causer préjudice aux tiers, mais à l'égard de ceux-ci, s'ils sont de bonne foi, on ne la regarde que comme une simple supposition. En principe, la lettre de change fait foi de sa date; néanmoins on peut n'avoir pas égard à la date exprimée, quand il y a de fortes raisons de présumer la fraude.

3° *Elle énonce la somme à payer.* La loi n'exige pas que cette somme soit exprimée en toutes lettres, mais la prudence le conseille. L'argent peut seul faire la matière des lettres de change, les marchandises étant susceptibles de se détériorer. Les intérêts légaux peuvent-ils se joindre à la somme sur la lettre ? Dans la pratique, cela se fait. Mais, par elle-même, la lettre ne porte pas intérêt.

4° *Elle énonce le nom de celui qui doit la payer.* Cette personne porte dans la pratique le nom de *tiré*. On donne au signataire le nom de tireur. La même personne pourrait-elle jouer les deux rôles? Le tireur ne doit pas s'indiquer lui-même comme devant payer : l'effet ne serait plus alors qu'un billet à ordre. Ordinairement, quand on a tiré une lettre de change sur une personne, on l'en informe par une lettre d'avis, qui contient toutes les indications des traites.

5° *Elle énonce l'époque et le lieu du paiement.* L'époque du paiement est nécessaire; les juges ne pourraient, à l'aide des circonstances, la suppléer. Ce pouvoir arbitraire paralyserait la règle que le porteur d'une traite doit en demander le paiement à l'échéance. Quant à l'indication du lieu du paiement, si elle n'est pas faite d'une manière spéciale, elle l'est implicitement dans l'indication que fait le tireur du nom et de la demeure du tiré. Quelquefois même le lieu du paiement n'est indiqué que par l'acceptation. L'accepteur doit nécessairement l'indiquer, lorsque la lettre n'est pas payable à son domicile. L'indication du lieu du paiement est attributive de juridiction, pour les poursuites en cas de non paiement; mais une simple adresse mise sur une lettre de change ne vaut pas élection de domicile. (Rennes, 13 mai 1814.)

6° *Elle énonce la valeur fournie.* Il n'est pas facile de se rendre compte de cette exigence contraire aux principes généraux du droit et qui rend la formule beaucoup plus rigoureuse. Dans la partie du droit où l'on accorde le plus de facilités, sous l'empire de l'ancien droit, cette disposition était réputée comminatoire. Dans la jurisprudence moderne, au contraire, les cours se sont montrées très sévères, elles ont proscrit une foule de formules banales ou insignifiantes qui servaient autrefois à déguiser les véritables opérations des commerçants. La loi exigeant donc qu'on exprime si la valeur a été reçue en espèces, en marchandises, etc., cette simple énonciation *valeur reçue* serait insuffisante; mais ces mots *valeur reçue comptant* équivalent parfaitement à ceux-ci, valeur reçue en espèces. Sans la mention de la nature de la valeur fournie, disent certains auteurs, les mêmes qui vont dériver la lettre de change du contrat de change, il n'y aurait pas de contrat de change mais un véritable prêt, et le change perçu par le tireur ne serait que l'intérêt de la somme prêtée.

7° *Elle est à l'ordre d'un tiers ou à l'ordre du tireur lui-même.* De nos jours le tiers est le plus souvent le donneur de valeurs, il n'en était pas de même dans le moyen-âge. Si la lettre de change n'était pas *à ordre*, c'est-à-dire transmissible par la voie de l'endossement, elle ne serait qu'un simple mandat.

— Paul, demeurant à Paris, tire une lettre de change à son ordre sur Pierre, demeurant à Bordeaux; celui-ci accepte : Paul endosse *à Bordeaux même* la lettre de change dont il s'agit en faveur de Jacques; cet acte réunit-il les caractères d'une lettre de change ? Pour la négative, on observe que l'endossement étant nécessaire pour rendre parfaite la lettre de change, tirée à l'ordre du tireur lui-même, et cet endossement n'ayant eu lieu qu'à Bordeaux, elle devait être censée tirée de Bordeaux et non de Paris; que par suite la remise de place en place, constitutive de la lettre de change, n'existait pas dans l'espèce. — Pour l'affirmative, qu'un arrêt de cassation a consacrée, on répond que la lettre étant tirée d'un lieu sur un autre à l'ordre du tireur lui-même, le vœu de la loi est accompli; que la lettre de change ayant été acceptée par le tiré, une remise d'argent de place en place a dû par suite avoir lieu, et que c'est cette remise qui est particulièrement constitutive de la lettre de change. Comme il est indispensable, pour qu'il existe une lettre de change, qu'il y ait un preneur qui fournisse au tireur la somme d'argent que ce dernier s'oblige de lui faire payer dans un autre lieu, la lettre à l'ordre du tireur lui-même ne prend véritablement les caractères d'une lettre de change qu'autant que le tireur l'endosse au profit d'un tiers qui lui fournit la valeur, laquelle est énoncée dans l'endossement.

8° *Elle peut être tirée par ordre et pour le compte d'un tiers.* Nous devons nous occuper des complications qu'amène la lettre de change tirée pour compte, mais nous en occuper seulement sommairement, notre cadre étant restreint. Des auteurs distinguent vulgairement entre le cas où le tireur a agi comme commissionnaire et celui où il ne se serait produit que comme mandataire. Dans la première hypothèse ils accordent action contre lui et ils la refusent dans la seconde. Ces distinctions peut être juridiques et basées sur le droit pur sont rejetées dans la pratique. Si le tiré a soldé la traite, il n'exercera son recours que contre le donneur d'ordre et non contre le tireur. L'action du porteur d'une lettre de change tirée par ordre et pour le compte d'un tiers ne peut s'exercer que contre le tireur, ses cessionnaires et l'accepteur, et non contre le donneur d'ordre. Le tireur et l'accepteur peuvent seuls agir contre le donneur d'ordre, encore qu'ils n'aient pas payé le montant de la lettre de change. En cas de faillite du tireur, de l'accepteur et du donneur d'ordre, le porteur de la lettre de change ne peut être admis au passif de la faillite de ce dernier. — Enfin si le tiers au compte de qui on a tiré désavoue le tireur, ce dernier reste obligé, parce qu'autrement il n'y aurait pas contrat.

9° *Elle peut être par première, 2e, 3e, 4e, etc., et, dans ce cas, doit l'exprimer.* Cet usage de fournir plusieurs exemplaires a pour objet d'abord de procurer un nouveau titre au porteur, dans le cas où il viendrait à perdre le premier exemplaire; en second lieu, de faciliter les négociations, puisqu'en même temps qu'on envoie un exemplaire à l'acceptation, on peut négocier la lettre sur un autre exemplaire; mais on a soin, dans ce cas, de dire sur cet exemplaire que l'exemplaire accepté sera à la disposition du porteur de celui négocié à un domicile indiqué au lieu du paiement.

Nous allons, à présent, traiter de l'échéance qui forme la 2ᵉ partie de notre thèse commerciale.

§ V. — *De l'Echéance.* (Art. 129 à 135).

L'échéance est l'époque à laquelle le paiement de la lettre de change doit être effectué.

Il y a différentes manières de fixer cette époque :

1° La lettre peut porter qu'elle sera payable à vue. On entend par l'expression *à vue* que la lettre doit être acquittée aussitôt que le porteur la présente.

2° La lettre peut être payable *à un ou plusieurs jours*, *à un ou plusieurs mois de vue*, c'est-à-dire après qu'elle a été présentée à celui sur lequel elle est tirée. La lettre renferme alors un terme de paiement, soit d'un ou plusieurs jours, soit d'un ou plusieurs mois, lesquels jours ou mois de délai courent du lendemain de la date de l'acceptation ou celle du protêt faute d'acceptation, car on ne compte pas le jour de l'acceptation, d'après la règle : *dies termini computatur in termino*; le jour où la chose est due appartient tout entier au débiteur, et ce n'est qu'après que ce jour est expiré que le débiteur est en demeure. Ainsi, j'ai une lettre de change payable à huit jours de vue, et je la fais accepter le 1ᵉʳ octobre; l'accepteur aura un terme de paiement de huit jours qui ne courra que depuis le 1ᵉʳ octobre, ce jour de 1ᵉʳ octobre non compris, et n'expirera, par conséquent, que le 9 octobre.

3° La lettre pourrait être aussi payable à une ou plusieurs usances de vue.

On entend par usance un espace qui est en France de trente jours. L'usance a été introduite dans le commerce pour parer à l'inconvénient résultant de l'inégalité des mois. Selon Pothier, le mot usance vient d'*usage*; il signifie le temps qu'il est d'usage dans un pays d'accorder pour le paiement des lettres de change. — En France, l'usance est de trente jours, comme nous l'avons dit ; mais chaque pays a ses usages : dans les uns elle est de soixante jours, dans d'autres de quinze, etc., et l'usance qu'il faut suivre est celle du lieu où la lettre de change est payable.

4° La lettre de change peut porter qu'elle sera payable à *un ou plusieurs jours, à un ou plusieurs mois, à une ou plusieurs usances de date.* — Dans ce cas, les jours, mois et usances de délai courent du lendemain de la date de la lettre de change.

5° On peut encore tirer la lettre *à jour fixe ou à jour déterminé*, par exemple, à la St-Martin ou au 20 du mois d'août prochain; l'échéance est alors au jour fixé par la lettre.

6° Enfin, la lettre qui porte qu'elle sera payable *en foire* doit être payée le jour de la foire si elle ne dure qu'un jour, ou la veille du jour fixé par la clôture de la foire si elle dure plus d'un jour.

Quand on se sert de l'usance pour la fixation de l'échéance de la lettre de change, il est facile de savoir quel jour la lettre devra être payée, puisque l'usance est une période fixe et invariable de trente jours, qui courent du lendemain de la date de la lettre, comme nous l'avons dit.

Mais il y a quelques difficultés quand on se sert des mois, lorsque, par exemple, une lettre est tirée à un ou plusieurs *mois* de date; dans ce cas, la lettre est payable à la date qui, dans le mois indiqué pour son échéance, correspond à celle du jour où elle a été tirée. Ainsi, une lettre tirée le 20 janvier, à deux mois de date, est payable le 20 mars, et celle tirée le même jour 20 janvier, à six mois, est payable le 20 juillet, quoique, cependant, dans l'intervalle d'une date à l'autre, il se soit écoulé des mois inégaux de vingt-huit, vingt-neuf, trente ou trente-un jours. C'est ainsi qu'on le décidait déjà autrefois, et c'est, a-t-on dit, cet usage que l'art. 132, C. comm., a voulu maintenir, en disant que les mois sont tels qu'ils sont fixés par le calendrier grégorien (art. 132. — 2° C. comm.). Par suite du même principe, la cour de cassation décide que lorsque la lettre a été tirée le 28 février, à dix mois de date, par exemple, elle est toujours payable le 28 décembre, soit que le 28 février se trouve le dernier du mois, soit que le mois de février ait 29 jours. Ainsi, on doit donc toujours compter d'un quantième au quantième correspondant. Il y a plus de doute lorsque le mois de l'échéance n'a pas de jour correspondant, comme dans le cas où une lettre est tirée le 31 *d'un mois* et qu'elle vient à échéance à un mois qui n'a que 30 *jours*. Dans cette hypothèse, il faut, selon la cour de cassation, faire exception à la règle, puisqu'il est impossible de calculer de quantième à quantième; si, par exemple, la lettre était tirée du 31 janvier à trois mois de date, elle serait payable le 30 avril.

Les observations qui précèdent ont de l'intérêt, car lorsque l'échéance d'une lettre de change est arrivée, le porteur doit faire dresser un acte de protêt le *lendemain*, sous peine de certaines déchéances.

Lorsque l'échéance d'une lettre de change tombe un jour férié légal, elle est payable la veille; mais dans ce cas le protêt doit se faire le lendemain du jour férié.

Enfin, les rédacteurs du Code de commerce ont abrogé tous les délais de grâce, de faveur, d'usage ou d'habitude locale qui avaient lieu autrefois pour le paiement des lettres de change. C'est ainsi que, d'après l'art. 4, titre V de l'ordonnance de 1673, un délai de dix jours après celui de l'échéance était accordé au porteur pour faire protester une lettre de change ; on appelait ce délai de dix jours délai de faveur ou d'honnêteté, parce que le porteur avait le droit de faire protester le lendemain de l'échéance, et que c'est par pure complaisance qu'il attendait l'expiration des dix jours. Aujourd'hui, le protêt doit être dressé le lendemain de l'échéance, sous peine de déchéance du recours du porteur contre les endosseurs et dans certains cas contre le tireur.

QUESTIONS.

I. Les lieux entre lesquels la remise s'opère doivent-ils nécessairement être des places de commerce ? — Non.

II. Les lettres de change tirées d'un lieu sur un autre lieu rapproché, et faites ainsi de manière à favoriser la simulation, sont-elles valables et permises ? — Oui.

III. L'échéance pourrait-elle être fixée au décès d'une personne ou à l'événement d'une condition ?

DROIT ADMINISTRATIF.

Tous les Actes qui sont reçus par les Fonctionnaires publics doivent-ils être considérés comme des Actes administratifs?

Diverses définitions ont été données de l'*acte administratif*: Suivant certains, c'est un acte ou décision émané d'un fonctionnaire de l'ordre administratif, d'un agent qui exerce des fonctions administratives. Les actes administratifs prennent les noms d'ordonnances, décrets, arrêtés, décisions, délibérations, etc., selon le caractère du fonctionnaire ou du corps administratif dont ils émanent. — Suivant d'autres, c'est un fait accompli, une décision prise par un administrateur en vertu des pouvoirs qui lui sont régulièrement confiés et dans les limites de ses attributions. Les actes administratifs touchent à tous les intérêts de la société par l'application des lois dont ils fixent le sens et déterminent les moyens d'action, par la préparation et la mise en vigueur des règlements de police et de sûreté générale, par l'exécution des ordres émanés de l'autorité supérieure, par la constatation de certains faits; ils reparaissent sous les formes les plus diverses, à tous les degrés de la hiérarchie administrative, depuis la décision du Ministre qui a force de loi dans toute la France, jusqu'à l'arrêté du Maire dont la puissance expire aux confins de son village. — Enfin la définition à laquelle nous nous arrêterons, parce qu'elle nous semble à la fois la plus courte et la plus vraie, est celle-ci: Un acte administratif est un acte émanant du pouvoir qui *administre*. Le pouvoir exécutif gouverne et administre; quelquefois ses agents représentent, en outre, des *droits privés*, lorsque l'état n'est engagé dans la discussion que comme propriétaire de meubles ou d'immeubles et qu'il ne s'agit pas de l'*état, unité nationale*. Dans la différence qui existe entre *gouverner*, *administrer* et *régir* des biens et des droits particuliers se trouve toute l'interprétation des mots *acte administratif*.

5

De nombreuses difficultés se sont élevées en matière d'interprétation et de discussion d'un acte administratif. Le principe de séparation des deux pouvoirs, administratif et judiciaire, respecté dans la théorie, peut se trouver méconnu dans l'application. Les juges ne peuvent, cependant, à peine de forfaiture, troubler les opérations des corps administratifs. La loi du 16 fructidor an III (2 septembre 1795) porte défense itérative aux tribunaux de connaître des actes d'administration, de quelque espèce qu'ils soient.

Les actes administratifs sont considérés comme authentiques; ils sont dès lors exécutoires par eux-mêmes.

On comprend l'importance qu'il y aurait à donner à un acte un caractère administratif qu'il n'aurait pas.

Il est des actes qui, passés par des fonctionnaires publics, ne sont pas des actes administratifs.

Un traité diplomatique n'est pas un acte administratif. Il n'émane pas du pouvoir qui *administre* mais du pouvoir qui *gouverne*; c'est un attribut du pouvoir exécutif pur; il est sur la même ligne qu'un acte législatif. Point de discussions, point de recours, point de réclamations.

Supposons l'*état en cause*. Il s'agit de vendre, échanger, louer, partager ses bois, ses domaines. D'habitude, l'adjudication publique est la forme employée pour y arriver. Ces actes d'adjudication, de ventes ou de baux, ces contrats d'échange ne sont pas des actes administratifs. L'*unité nationale* n'était pas en question, le trésor public non plus. Le fonctionnaire, espèce de notaire, a fait un acte ordinaire.

Les actes postérieurs au jugement d'expropriation, quoique reçus par un administrateur dans la forme des actes administratifs, ne sont pas des actes administratifs. Cependant il s'agit de rendre propriétaire l'Etat, ou de le dépouiller de sa propriété, et en apparence l'intérêt général est engagé. Mais il a été convenu que les questions de propriété concernant les biens de l'Etat ne devaient pas être portés devant les tribunaux administratifs. Pour les biens *nationaux*, protégés surtout par des lois politiques, l'autorité administrative doit être saisie; mais il n'en pourrait être ainsi des biens *patrimoniaux*.

Quand l'Etat ne *gouverne pas*, n'*administre pas*, c'est-à-dire qu'il ne fait pas ou des actes du pouvoir exécutif pur ou des actes administratifs, mais quand il agit comme propriétaire, il devient simple particulier, et les actes qu'il fait, quelles que soient leurs formes, sont des conventions privées. Alors les tribunaux civils sont exclusivement saisis du contentieux.

Maintenant supposons que l'*Etat n'est plus en cause, mais une commune, un établissement public.*

Dans le contentieux administratif ne rentre nécessairement pas tout ce qui concerne la gestion des biens et des intérêts des départements, des communes et des établissements publics.

Les ventes, les baux, l'exécution des travaux, les marchés de fournitures se font dans la forme d'un acte administratif, et même la plupart de ces conventions ne sont valables qu'autant qu'elles ont reçu l'homologation de l'autorité administrative supérieure; de même que le tuteur d'un mineur a besoin, dans certains cas, et de l'avis du conseil de famille, et de l'homologation du tribunal. Mais cette forme, ces homologations ne sauraient changer la nature de cette convention privée et ne sauraient en faire un acte administratif. Ce serait l'accessoire qui entraînerait le principal, lorsqu'au contraire ces actes administratifs *en la forme* ne sont, *au fond*, que des actes de tutelle ordinaire.

L'acte ne puise pas sa qualification dans la qualité de la personne qui le reçoit mais dans la nature de la matière qui le concerne. S'il en était autrement, une foule d'actes judiciaires seraient des actes administratifs; les actes de l'état civil seraient des actes administratifs.

Les actes relatifs à l'acquisition de terrains, dans le cas d'expropriation pour cause d'utilité publique, peuvent être passés devant notaire; cela résulte implicitement de l'art. 56 de la loi du 3 mai 1841, qui dit que ces actes *peuvent être* passés administrativement, ce qui n'est qu'une *faculté.*

La même observation s'applique à tous les contrats que les lois autorisent les fonctionnaires administratifs à recevoir ou à rédiger. Ces contrats peuvent toujours être passés devant notaire, lorsque les parties jugent cette formalité utile à leurs intérêts.

La cour de cassation dit : « Il faut distinguer dans les actes faits par l'administration municipale ceux qu'elle fait comme agent du pouvoir, et dans l'exercice de l'autorité qui lui est déléguée, et ceux où elle stipule comme partie contractante dans l'intérêt de la généralité des habitants. Dans les premiers, elle prescrit, elle ordonne et elle soumet par la suite les contrevenants aux peines prononcées par la loi dans les matières dont le soin et la surveillance lui sont confiés. A l'égard des contrats où elle intervient comme partie seulement et agissant toutefois dans l'intérêt de la commune, elle ne peut, ainsi que les particuliers, invoquer que *les règles ordinaires des contrats.* » (Cass., 26 juillet 1827.)

Des arrêts nombreux font que la jurisprudence est constante sur ce point. (Cass. 2 janvier 1817, 26 juillet 1827, 23 nov. 1833, Limoges, 14 janvier 1837; ord. 7 octobre 1818). Il est décidé spécialement que les baux des revenus d'une commune passés par le maire, même alors qu'ils sont approuvés par les préfets, ne peuvent être considérés que comme des actes de simple régie, qui restent dans le droit commun et n'ont d'autre effet que celui des actes privés passés entre particuliers. En général, on peut dire que le résultat des conventions privées est essentiellement judiciaire. Les discussions appartiennent aux tribunaux civils, et on entend par conventions privées celles qui interviennent entre particuliers ou entre particuliers et personnes morales, et qui règlent un droit privé plutôt qu'un droit public : soit, les conventions privées concernant le domaine de l'Etat, celles des départements, des communes et des établissements publics, celles relatives aux travaux et marchés publics.

On s'est demandé si les maires peuvent procéder, sans le concours des notaires, à l'adjudication publique des baux des biens des communes. Une circulaire du ministre de l'Intérieur, en date du 12 juillet 1844, semble leur attribuer ce droit, en considérant l'intervention des notaires comme purement facultative pour les corps municipaux, lorsque l'objet à donner en location est peu important, et qu'il ne s'agit ni de prendre des garanties hypothécaires, ni de stipuler des conditions compliquées. Quant aux ventes des biens des communes, une instruction ministérielle, en date du 19 déc. 1840, suppose que le ministère des notaires est également facultatif pour les corps municipaux, en ajoutant toutefois : Dépourvus du caractère spécial imprimé aux contrats passés devant notaires, on ne doit voir dans les procès-verbaux de ces adjudications (par le maire) que des contrats ordinaires, équivalant à de simples actes sous seing-privé, conséquemment susceptibles de tous les inconvénients attachés aux contrats de cette dernière espèce, en cas de difficulté sur leur exécution.

Il a été jugé que la force exécutoire n'est point attachée à l'acte par lequel un maire constate l'adjudication du bail d'un bien communal. (Colmar, 28 janv. 1833; Cass. 27 nov. 1833). La même décision nous paraît évidemment applicable à tous les cas où, quel que soit l'administrateur, il aura agi, non comme autorité, mais comme représentant et mandataire de l'Etat ou d'un établissement public.

Mais il faut bien se garder d'étendre trop loin la compétence des tribunaux judiciaires et d'enlever à certains actes le caractère d'actes administratifs qu'ils ont par essence : Ainsi, l'alignement ou le refus d'alignement sont des actes administratifs. Tout ce qui concerne la grande ou la petite voirie se rattache à l'intérêt général. Toutefois, qu'il s'agisse de dol, de fraude, de lésion, de demande en rescision, de paiement de prix, d'obscurité de l'acte, enfin de nullité de cet acte en la forme ou au fond, les tribunaux civils ordinaires seront compétents pour en connaître.

Examinons maintenant si les refus d'un maire, d'un percepteur, d'un directeur de délivrer les extraits dont parlent les lois civiles ou électorales seront considérés comme des *actes administratifs*. — Il faut distinguer les cas où la loi elle-même a constitué les fonctionnaires publics dépositaires, avec mission et obligation de donner des extraits et des expéditions, du cas où la loi ne contenant aucune injonction, les fonctionnaires ont le droit de refuser, sauf, s'il y a abus, à demander l'autorisation de poursuivre pour obtenir des dommages-intérêts. Il ne faut pas considérer comme un acte administratif le refus d'expédition ou d'extrait fait : 1° par un maire officier de l'état civil ou dépositaire des délibérations du conseil municipal ; 2° par le préfet, dépositaire des arrêtés du conseil de préfecture; 3° par un conservateur des hypothèques; 4° par les receveurs de l'enregistrement; 5° par les directeurs des contributions directes, dépositaires des rôles et pièces cadastrales indispensables à un contribuable qui veut présenter une réclamation ; 6° par les percepteurs des contributions directes, forcés par la loi, moyennant un salaire déterminé, de délivrer extrait des rôles sur lesquels ils opèrent la rentrée des contributions ; 7° par les dépositaires de minutes d'actes argués de faux et forcés par la loi de procédure de communiquer ces minutes à la justice.

On peut dire enfin que, si les actes faits par les fonctionnaires publics dans l'exercice de leurs fonctions administratives sont des actes administratifs, toutes les fois qu'il y a abus, excès, et par suite dommage, ces actes administratifs perdent leur caractère et les tribunaux civils sont seuls compétents pour accorder les dommages-intérêts. Pour que l'acte perde réellement sa nature administrative, il faut que l'autorité supérieure ait déclaré qu'elle n'avait pas autorisé le dommage causé, qu'elle en repousse la responsabilité, et qu'aussi l'acte du fonctionnaire devienne un acte privé. Si au contraire l'acte du fonctionnaire, quoique abus ou excès, n'était qu'une nécessité administrative, qu'une obéissance de service, l'acte serait administratif.

QUESTIONS.

I. Les actes passés devant un fonctionnaire public chargé par la loi de les recevoir, quoiqu'authentiques, confèrent-ils hypothèque? — Non.

II. Les actes qui n'ont pas le caractère administratif ont-ils force exécutoire? — Non.

III. Le concours des notaires est-il obligatoire ou facultatif dans la vente des biens des communes faite par les maires? — Il est facultatif.

Vu par le président de la Thèse,

DUFOUR.

Cette thèse sera soutenue, en séance publique, dans une des salles de la Faculté de Droit de Toulouse, le 13 août 1863.

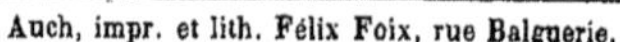

Auch, impr. et lith. Félix Foix, rue Balguerie.